Wolf W. Lasko

Das Abenteuer deines Lebens

WOLF W. LASKO

DAS ABENTEUER *deines* LEBENS

ÜBER DIE ROTE LINIE GEHEN

Wolf W. Lasko

Das Abenteuer deines Lebens
Über die rote Linie gehen

© jkamphausen in J. Kamphausen Verlag, Bielefeld 2011
info@j-kamphausen.de
www.weltinnenraum.de

2. Auflage 2013

Lektorat: Dana Haralambi, agentur SpuK
Umschlaggestaltung: Kathrin Steigerwald
Gestaltung Innenteil: Hanne Steffens
Bildnachweis Titel: Toni Leon – Getty Images
Icons ‚Frau': Christos Georghiou – Fotolia.com
Icons „Mann": Bokica – Fotolia.com
Druck & Verarbeitung: Clausen & Bosse, Leck

Bibliografische Information der Deutschen Nationalbibliothek
Die Deutsche Nationalbibliothek verzeichnet diese Publikation
in der Deutschen Nationalbibliografie; detaillierte bibliografische
Daten sind im Internet über http://dnb.d-nb.de abrufbar

ISBN 978-3-89901-552-2

Inhalt

Wie dieses Buch entstand

Dass Sie jetzt dieses Buch in den Händen halten, gründet auf drei Gedanken, die sich zu einer Idee verdichteten:

Erster Gedanke

Als ich 1979 das Unternehmen Winner/s Edge für Strategie, Innovation, Vertrieb gründete, lernte ich sehr schnell, dass Begeisterung, Motivation und Faszination für den Erfolg im Business entscheident sind. „Aber wie lässt sich das neben der inhaltlichen Kompetenz wirksam vermitteln?", fragte ich mich. Aus dieser Frage entwickelte sich ein einfaches, aber sehr wirkungsvolles Experiment: die rote Linie.

Und so begann es: Ich bat Manager in ausgewählten Projekten, die sich mit Changeprozessen beschäftigten, um etwas Ungewöhnliches. Sie sollten über eine imaginäre Linie treten. Sie sollten die rote Linie überschreiten und etwas tun, was sie bisher noch nicht getan hatten und unter gewöhnlichen Umständen auch nie tun würden.

Dieses Experiment erforderte von den Beteiligten echten Mut. Und nebenbei auch noch Kreativität. Beide Eigenschaften, Mut und Kreativität, sind die Voraussetzung, um im Geschäfts- und Privatleben Erfolg zu haben. Seit 1979 habe ich sicher weit über 1.000 Menschen erlebt, die Erstaunliches bei dem Schritt über die rote Linie wagten. Nur ein paar Beispiele:

- Da war der Mann, der die rote Linie überschritt und direkt danach zum Friseur ging. Er ließ sich einen roten Irokesenschnitt verpassen, dann fuhr er zu seinem Sohn. Die Bindung zwischen Vater und Sohn hatte einen schweren Bruch erlitten, damals, als der Sohn mit 14 Jahren den gleichen mutigen Haarschnitt nach Hause trug. Sein Vater bestrafte ihn dafür so schwer, dass der Sohn anfing, ihn zu hassen. Dieser Manager fuhr also nach dem Friseurtermin zu seinem Sohn und bahnte durch diese aufrechte Geste eine Versöhnung mit seinem „verlorenen" Sohn an. Diese mutige Entscheidung hat das Leben beider Männer verändert.

- Da war der Mann, der über die rote Linie ging und dann zum Flughafen. Er buchte einen Flug nach Schweden, um sich mit seinem Vater zu versöhnen, den er fast 20 Jahre lang nicht mehr gesehen hatte. Diese mutige Entscheidung hat das Leben beider Männer verändert.

- Da war die Frau, die sich vor ihre Mitarbeiter stellte und sich als Alkoholikerin outete. Sie sah der Wahrheit ins Gesicht, verabschiedete sich von Lügen und Ausweichmanövern und begann eine professionelle Therapie. Diese mutige Entscheidung hat ihr Leben verändert und ist anderen ein Vorbild gewesen.

All die vielen Beispiele, die ich im Laufe von drei Jahrzehnten erlebt habe, haben mir gezeigt, dass dieses Experiment eine sehr kraftvolle Wirkung hat. Es kann Menschen verändern. Es kann einen Beitrag zur Stärkung und Entwicklung ihrer inneren Grundhaltung leisten. Mut bewirkt Veränderung — und Befreiung!

Zweiter Gedanke

Eines Tages las ich das Buch von Luke Reinhard, dem Würfler. Das muss Anfang 1970 gewesen sein. Der Held in dem Buch hilft dem Schicksal auf die Sprünge, indem er sich Alternativen ausdenkt, die aus seiner Sicht Mut erfordern. Dann würfelt er und wählt damit eine dieser Alternativen aus, die er in die Tat umsetzt. Er hilft dem Zufall also mit einer persönlichen Entscheidung.

Dieser Gedanke gefiel mir und setzte sich in meinem Kopf fest.

Dritter Gedanke

Auch in meinem eigenen Leben hat die rote Linie eine beeindruckende Rolle gespielt: Immer dann, wenn ich über meinen Schatten gesprungen bin, meine Ängste überwunden und die rote Linie überschritten habe, veränderte sich etwas Wesentliches. Ich ließ Langeweile, traurige Routine und Gewohnheit hinter mir und betrat faszinierende neue Welten:

- Sich selbständig zu machen, ohne einen Auftrag in der Tasche zu haben ...
- den Kunden nicht nach dem Mund zu reden ...
- immer wieder Neues zu lernen und Schüler zu sein ...
- Schwierigkeiten nicht auszuweichen, sondern zu begegnen ...
- keine Angst zu haben, der eigenen Unsicherheit ins Auge zu schauen ...

... all diese Beispiele sind rote Linien, die ich überschritten habe. Sie haben mich dahin geführt, wo ich heute bin: in einem verdammt neugierigen Leben.

... und die Folgen

Diese drei Gedanken verschmolzen zu einem: dass es ein Buch geben sollte über die rote Linie und ihre faszinierenden Auswirkungen. Diese Linie können auch Sie überschreiten. Erkunden Sie dieses Buch, lassen Sie sich von seinen Möglichkeiten inspirieren. Und dann machen Sie den entscheidenden ersten Schritt — über die rote Linie!

Dr. Wolf W. Lasko

WARNHINWEIS

Wenn Sie die rote Linie überschreiten,

- fügen Sie sich und anderen keine Verletzungen zu, weder körperlich noch emotional.
- beschädigen Sie weder das Ansehen noch den Besitz anderer Menschen.
- handeln Sie respektvoll, anderen und sich selbst gegenüber.

Autor und Verlag übernehmen keine Verantwortung für die Konsequenzen Ihres Handelns.

A

Die Idee der roten Linie

„Die Idee der roten Linie"
... finden Sie auf den folgenden Seiten:

- Einmal für Kurzentschlossene, die keine Zeit verlieren und direkt ins erste Experiment hineinspringen wollen.

- Und einmal für Menschen, die der Sache genauer auf den Grund gehen wollen. Die vor dem Experiment die Beschäftigung mit der Idee suchen.

Für beides gibt es gute Gründe. Wählen Sie aus, was für Sie der ideale Einstieg in die herausfordernde Gedankenwelt der roten Linie ist.

Und lassen Sie sich inspirieren durch die zahlreichen Zitate, die Sie am seitlichen Rand jeder Experimentseite finden.

Ein Gedanke, der nicht gefährlich ist, ist gar nicht wert, ein Gedanke zu sein. (Oscar Wilde)

„Die Idee der roten Linie"
... im Detail

Im Kreis der Gewohnheiten

Stellen Sie sich vor, in diesem Moment wird genau da, wo Sie jetzt sind, ein virtueller Kreis um Sie herum gezeichnet: eine rote Linie, die Sie umschließt. Das ist die rote Linie, die Sie im Kreis Ihrer Gewohnheiten festhält. Alles, was innerhalb dieses Kreises liegt, ist Ihnen bekannt und vertraut. Es gibt Ihnen das Gefühl von Sicherheit. Sie fühlen sich gestärkt, weil Sie sich nichts Unerwartetem stellen müssen. So können Sie Energie einsparen. Aber auch Emotionen und Begeisterung.

Ein Leben innerhalb von Gewohnheiten ist nicht gerade aufregend. Aber es macht durchaus Sinn, auch das Positive daran zu sehen. Gewohnheiten bilden ein Fundament, auf das man aufbauen kann. So wie ein Schwimmer seinen Startblock braucht, um Schwung zu holen für den Sprung ins kalte Wasser — so bietet ein Leben im Kreis der Gewohnheiten den „Startblock", der nötig ist, um sich abstoßen zu können, auf dem Weg ins Neuland.

Doch ein Leben, das ausschließlich in der Komfortzone stattfindet, ist wie der permanente Aufbruch in den Kreisverkehr. Hier wird mit Illusionen geheizt. Die Betriebstemperatur ist auf „Mittelmaß" eingestellt. Ein Leben, das die Komfortzone nie verlassen will, entwickelt sich zum Containerdasein: Leben im Kompromiss bis hin zur Depression. Hier gibt es keine Lernimpulse, keine Entdeckungsreisen, hier raschelt kein Geschenkpapier. Hier werden Sehnsüchte begraben und Süchte geboren.

Neuland **Komfortzone**

Erfahrung
Mehr vom Gleichen
Gewohnheit Fest Dasselbe
Reaktiv Alte Wege Container
interpretierte Realität Feste Abläufe
Langeweile Oft durchlaufende Konzepte
Vordergründige Sicherheit Routine
Bekannt Ständige Wiederholung
Ruhe Konstanz Bekanntes Land
Vertraut Stillstand
im Kreis eingekreist
Reaktion

Abenteuerliches Neuland

Außerhalb der roten Linie ist Neuland, IHR Neuland. Die Brücke, die Sie über die rote Linie ins Neuland führt, sind Experimente: Herausforderungen der besonderen Art, die Sie außerhalb des „Normalen", des Erwarteten in abenteuerliches Fragezeichenland führt. Was erwartet Sie wohl dort?

Langeweile versus Lebenslust

Was hat Sie in Ihrem bisherigen Leben fasziniert? Wann haben Sie sich richtig lebendig gefühlt? In welchen Situationen wurde Ihnen die Fülle des Lebens geschenkt?
Denken Sie darüber nach. Waren das nicht immer Situationen, in denen Sie die rote Linie über-schritten hatten? Wenn Sie Altes verlassen und Neues gewagt hatten? War es nicht einfach fantastisch, sich einer Herausforderung gestellt und unbekanntes Terrain betreten zu haben? Solche Gefühle finden Sie natürlicherweise nicht im Kreis der Gewohnheiten. Hier gibt es die bekannte Ordnung, die heimelige Sicherheit und die alltägliche Routine. Nur: Die Chance zu lernen und zu wachsen, die Möglichkeit der Entwicklung und die Lust am Leben gibt es hier nicht.

Und manchmal wächst dort im Untergrund ein zartes Pflänzchen: ein oft nicht genau fassbares „Nicht so ganz zufrieden sein mit dem Leben".

Gefahr — oder Nervenkitzel pur?

Was passiert eigentlich, wenn Sie die rote Linie überschreiten, die Sicherheit der Komfortzone verlassen und die Gefahr des Neuen in Kauf nehmen?

Der Reihe nach: Erst einmal stehen Sie vor dieser imaginären roten Linie und wollen sie überschreiten — ein kritischer Zustand.

Das ist eine Herausforderung mit unbekanntem Ausgang, ein wagemutiges Experiment, für dessen Resultat Sie noch keine Erfahrungswerte haben ... Risiko! An diesem Punkt, direkt vor der roten Linie, fühlen Sie Anspannung, Aufregung, Angst. Aufkommende Panik, die auch durchaus ihren Reiz haben kann, geht Hand in Hand mit der Frage: „Wie komme ich da raus?"

Wer an diesem Punkt steht, bekommt die potenzielle Befähigung fürs Neuland. Denn Anspannung, Aufregung und Angst mobilisieren immense innere Kräfte, stimulieren die Lebensgeister. Im Handeln selbst weicht die Angst. Das funktioniert heute noch ebenso wie zu Zeiten des Säbelzahntigers (dazu eine kleine Steinzeitgeschichte im Kasten).

Im Prinzip ist das die beste Chance, voller Energie und Tatendrang aktiv zu werden, zur Hochform aufzulaufen.

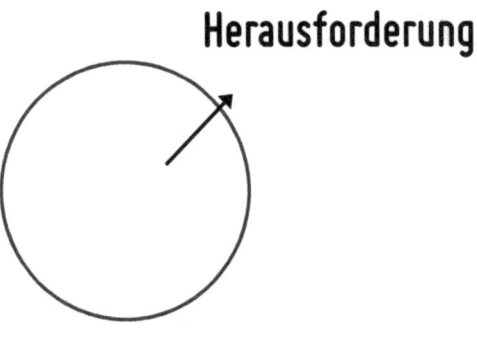

Herausforderung

Kopfdämonen

Akutstress mobilisiert alle Kräfte

Damals im Neanderthal: Auf einer Lichtung fiebert Ihr steinzeitlicher Urururahne dem Treffen mit seiner Wunschgefährtin entgegen. Wenn die Sonne am höchsten steht, will sie kommen. Sehnsüchtig wartend und schwitzend vertreibt er sich die Zeit mit kleinen Schnitzereien. Da, plötzlich: ein leises Knacken im Unterholz! Ist sie das? Vielleicht — oder doch ein Säbelzahntiger ...? Beides ist möglich. Blitzschnell reagiert der Steinzeitmann. Seine Annahme: Tiger. Seine Atmung wird schneller und flacher, sein Blutdruck steigt, seine Muskeln werden gut durchblutet. Das ist lebensrettend in dieser Situation. Was macht der Steinzeitmann? Bleibt er sitzen? Nein, er handelt — und türmt. Und weil es Sie heute gibt, ist bewiesen, dass Ihr Urururahne dank seiner schnellen Reaktion dem Säbelzahntiger entfliehen und seiner Wunschgefährtin später doch begegnen konnte.

Doch es gibt eine kontrollierende Gegenkraft: den Verstand. Er blockiert gerne Herausforderungen mit ungewissem Ausgang. Das ist sein Job, das hat er so gelernt. Der innere Kontrolleur hebt mahnend seinen Finger: „Das kannst du nicht tun!", „Das ist gar nicht zu schaffen!". Risiko droht!!! Der Verstand ergeht sich in akribischen Hochrechnungen, und mit missionarischem Eifer zeigt er auf, was alles Schlimmes passieren, was schiefgehen könnte.

Das ist die Tragik eines durchschnittlichen Mitteleuropäers mit seinem kulturellen Hintergrund von Sicherheit und dem Wunsch nach Anpassung: Der Verstand, der so unendlich hilfreich sein kann, erweist sich vor dem Überschreiten der roten Linie als Zensor. Er beschneidet alle ausgefallenen Ideen und gibt den Befehl, alles beim Alten zu lassen und auf keinen Fall ein Wagnis einzugehen. Je länger Sie über die Warnungen Ihres Verstands nachdenken, umso weiter entfernen Sie sich von der roten Linie. Und zum Schluss ziehen Sie sich wieder zurück in die vermeintliche Sicherheit Ihrer Komfortzone.

Doch wohin nun mit der Energie? Wohin mit der Kraft, wenn sie nicht in Aktivität umgewandelt wird, weil Sie nicht über die rote Linie gehen?

Die großen mächtigen Zivilisationstricks: die zwei „Verpisserrouten"

Komfortzone, das hört sich komfortabel an. Unglücklicherweise gibt es innerhalb der Komfortzone Möglichkeiten, das pralle Leben zu simulieren, statt es zu leben: Es fühlt sich echt an, ist aber nur eine Fassade. Das gelingt mit zwei beliebten Tricks, die bekannt sind als die zwei „Verpisserrouten des Lebens" — als kognitive und emotionale Variante (bevorzugen Sie einen an das humanistische Bildungsideal angepassten Ausdruck, ersetzen Sie „Verpisserroute" durch „Fluchtwege", das klingt gesellschaftsfähiger, umschreibt aber dasselbe).

a. Die kognitive Variante

Die erste Variante ist ein Selbstbetrug, der auf der Verstandesebene stattfindet. Sie hat zwei Schwerpunkte: Rechtfertigung und Schuldzuweisung.

Mit Rechtfertigung und Schuldzuweisung können Sie sehr einleuchtend begründen, warum Sie sich ganz bewusst gegen das Überschreiten der roten Linie entschieden haben. Und mit etwas Kreativität lässt sich im Leben alles argumentativ begründen:

- Natürlich hätten Sie sich selbstständig gemacht — wenn nur Ihre akademische Ausbildung gepasst hätte!
- Hätten Sie ein anderes Umfeld gehabt, einen Mentor zum Beispiel, dann ...
- Mit dem RICHTIGEN Partner im Leben hätten Sie bestimmt ...
- Hätte das Schicksal es besser mit Ihnen gemeint, dann wäre ...

Da es noch nicht so weit ist, muss das Überschreiten der roten Linie leider noch etwas warten — bis endlich der „perfekte Zeitpunkt" gekommen ist. So lange gilt die Rechtfertigung:

Hätte, wäre, würde, könnte — die Hochsprache der Ausreden.

Schuldzuweisungen und Rechtfertigungen sind die beste Kampfformel zur Selbstverteidigung: Machen Sie doch einfach andere dafür verantwortlich, dass Sie nicht gehandelt haben!

b. Die emotionale Variante

Wenn Rechtfertigung und Schuldzuweisung gut platziert sind, scheint der Kopf klar, aber die Emotion der tiefen Erlebnisse fehlt. Hier kommt die Schwester der kognitiven „Verpisserroute" zum Einsatz: die emotionale Variante. Sie praktiziert den Selbstbetrug auf der Gefühlsebene.

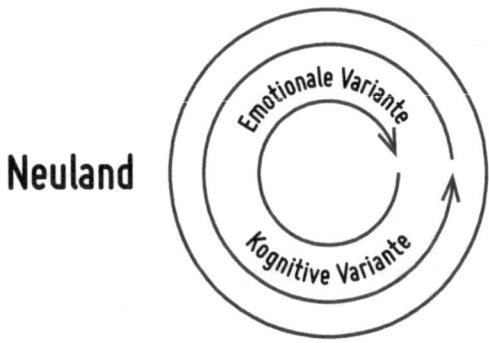

Neuland — Emotionale Variante — Kognitive Variante

Wie das geht? Sie erschaffen sich eine Ersatzbefriedigung, die Ihnen den emotionalen Kick versetzt. Sie erfahren Liebe, Glück und Erfolg sozusagen „second Hand".

Vor dem Fernseher, beim Lesen der Regenbogenpresse, bei Klatsch und Tratsch sind Sie stiller Teilhaber am Leben anderer. Sie haben zwar Emotionen, aber die betreffen das Leben Fremder und nicht Ereignisse, die in Ihrem eigenen Leben stattfinden.

Sie können routinemäßig den Kühlschrank überfallen, denn Essen, besonders fettreiches oder zuckerhaltiges, verbessert die Gefühlslage. Auch eine regelmäßige, angemessen hohe Dosierung hochprozentiger Nervenberuhigung wird gesellschaftlich toleriert und bewirkt zumindest zeitweise die erwünschte Gefühlsveränderung.

Dem gestressten Zeitgenossen sind Schlaftabletten oder gar Beta-Blocker eine unschätzbare Hilfe. Wer jetzt immer noch verzweifelt ist, der greift zu Valium, Ecstasy etc.

Und dennoch — auch wenn der Name es suggeriert: eine Ersatzbefriedigung ist auf Dauer kein Ersatz. So wie auch die Komfortzone keinen echten Komfort bietet, sondern nur vorgaukelt. Immer wieder gewinnt Ihr Traum von einem interessanteren, glücklicheren, erfolgreicheren Leben die Oberhand. Und damit dieser Traum nicht irgendwann zum Albtraum wird, gibt es erfreulicherweise andere Wege, um das emotionale Gleichgewicht wiederherzustellen.

Aber seien Sie sicher: Zwischendurch werden Sie immer wieder mit Ihrem eigenen Dasein konfrontiert. Mit einem Dasein, das zur Routine geworden ist.

Leere Versprechen — das Glück in der Komfortzone

Dieses Leben innerhalb der gewohnten Komfortzone verspricht zwar, uns vor Risiken und Gefahren zu schützen, uns Glück — und zwar gesichert! — zu schenken. Allerdings ist das oft ein ziemlich leeres Versprechen, denn die Unwägbarkeiten des Lebens machen vor keiner Komfortzone Halt.

Je enger und starrer Ihre Komfortzone ist, also der Bereich, der Ihnen täglich Sicherheit verspricht, desto komplizierter wird es in schwierigen Zeiten. Wer sich nie in Gefahr begibt, kommt darin um.

Denn Umstände und Gegebenheiten verändern sich oft genug und zerstören die vermeintliche Sicherheit. Dann zwingt uns das Leben zum Aufbruch in neue Gefilde, lässt uns keine andere Wahl, als die rote Linie zu überschreiten. Wer bis jetzt nicht gelernt hat, mit Herausforderungen umzugehen, verliert den Boden unter seinen Füßen.

Ist es da nicht viel sinnvoller, die Grenzen unseres Lebens, den Rahmen unserer Komfortzone aus eigenem Antrieb zu erweitern, bevor das Leben uns dazu zwingt? Ist es nicht viel gescheiter, sich freiwillig für das Überschreiten der roten Linie zu entscheiden?
Sind Sie schneller als das Schicksal, überholen Sie es.

Die Kunst des Experimentierens

Hier haben Sie die Möglichkeit, sich in guten Zeiten darin zu üben, die rote Linie zu überschreiten. Das Übungsmaterial dafür sind die 216 Experimente in diesem Buch. Sie dürfen sich als Abenteurer und Forscher erleben — Thema: Selbsterforschung.

Die rote Linie ist der eigentliche Wegweiser im Leben. Der Weg ist immer da, wo die Herausforderung ist. Trainieren Sie das Überschreiten vieler roter Linien.

Und was haben Sie davon, wenn Sie es tun? Sie dehnen Ihre Komfortzone aus, also den Bereich, in dem Sie sich sicher fühlen können. Sie wachsen, Sie erweitern Ihren Erfahrungsschatz und vergrößern Ihre Fähigkeit, mit dem Leben umzugehen.

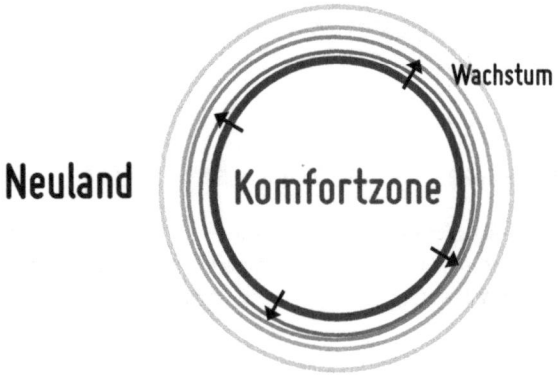

... in der Komfortzone findet Wachstum nicht statt.

Die Experimente

Möglicherweise haben Sie sich einige der 216 Experimente schon einmal angeschaut. Bei manchen haben Sie vielleicht gelacht, bei anderen den Kopf geschüttelt, nach dem Sinn geforscht oder Sie sind sofort in Abwehrstellung gegangen.

Was haben die Experimente eigentlich mit dem realen Leben zu tun? Sie sind ein Appell an Ihre Kreativität und Intelligenz. Vielleicht sind sie aber schon der erste Schritt zu einem Ausbrechen aus den Reihen des „Normalen". Denn viele dieser Experimente basieren darauf, dass Sie sich ungewöhnlich verhalten — vor anderen Menschen.

Wenn Sie die rote Linie im wirklichen Leben überschreiten wollen, um an Ihr Ziel zu gelangen, werden Sie neben der geistigen und emotionalen, auch eine körperliche Herausforderung spüren. Ihr Körper wird sofort reagieren mit kleinen Adrenalinstößen, die alle Stressreaktionen in Gang setzen.

Sie werden erregt sein, unter Spannung stehen, alle Reserven mobilisieren, um handeln zu können. Tun Sie es! Steigen Sie ein in das, was Leben erst lebendig macht.

30 cm machen den Unterschied

Was unterscheidet erfolgreiche Menschen von weniger Erfolgreichen? Nicht die Ausbildung, nicht die Herkunft, nicht die Visionen, nicht das Schicksal, sondern ... 30 cm!

Diese Menschen haben den Hintern um geschätzte 30 cm vom Stuhl hoch bekommen und haben ihren Traum gewagt. Obwohl sie vielleicht schlechte Startchancen hatten, obwohl sie nicht vollkommen waren, obwohl es nicht der perfekte Zeitpunkt war und trotz des möglichen Risikos. Das ist es: 30 cm!

Jetzt ist alles gesagt, es wird Zeit zu beginnen.

Ihr Tor zur roten Linie — 216 Experimente
Die Trilogie der Wahl oder: Wie Sie an Ihre Experimente kommen

Zum Ersten ... Sie würfeln

Nehmen Sie drei Würfel: einen schwarzen, einen blauen und einen weißen. Nehmen Sie alle drei Würfel in eine Hand und würfeln Sie.

Nun setzen Sie dieses Ergebnis in eine dreistellige Zahl um: Die erste Zahl kommt vom schwarzen Würfel, die zweite vom blauen und die dritte vom weißen:

Beispiel:
Mit dem schwarzen Würfel haben Sie eine 3,
mit dem blauen Würfel eine 1
und mit dem weißen Würfel eine 6 gewürfelt. Daraus entsteht 316.

Suchen Sie jetzt das Experiment Nummer 316 — und gehen Sie über die rote Linie!

Ist Ihnen das Experiment 316 für den Anfang zu gewagt? Dann dürfen Sie noch einmal würfeln, maximal aber dreimal insgesamt. Unter drei Möglichkeiten finden Sie eine, deren Anforderung für Sie realisierbar ist.

Jedes Experiment ist eine mehr oder weniger große Herausforderung, aber jedes ist eine energiegeladene Chance für Ihr Leben. Welche wollen Sie annehmen, um über die rote Linie zu gehen? Sind Sie bereit für die extremste Herausforderung? Haben Sie den Mut, an Ihre äußersten Grenzen zu gehen? Oder ziehen Sie es für den Anfang vor, sich dem geringsten Wagnis zu stellen? Entscheiden Sie sich.

Zum Zweiten ... Sie blättern

Sie nehmen das Buch in die Hand und lassen die Seiten tanzen, an Ihrem Daumen vorbeigleiten. Irgendwann sagen Sie „Stopp, das ist es!" Das Experiment auf der Zufallsseite ist das Ihrige. Es passt nicht? Dann blättern Sie weiter. Aber mehr als drei Chancen haben Sie nicht. Entscheiden Sie sich.

Zum Dritten ... Sie lesen

Sie lesen das Buch Seite für Seite der Reihe nach durch. Sie überfliegen die Experimente. Dann treffen Sie eine Wahl. Sie schreiben drei Experimente auf, die Sie besonders faszinieren, und suchen am Ende das passende Experiment aus. Entscheiden Sie sich.

Und nun ... rein ins Experimentieren!

Was folgt, wenn Sie sich entschieden haben? Handeln Sie! Erleben Sie das Experiment und steigen Sie ein in das, was Leben ausmacht. Dazu brauchen Sie keinen Alkohol, keine Drogen, kein Geld, keine großen Vorbereitungen. Was Sie brauchen, ist der Wille, etwas Ungewöhnliches erleben zu wollen. Die rote Linie steht für den Mut und die Entschlossenheit, über Grenzen zu gehen.

Genießen Sie das Experimentieren. Erlauben Sie es sich, lernend sich selbst zu verstehen. Betreten Sie den „Laborraum der 216 Experimente" mit der richtigen Forscherhaltung. Entdecken Sie Seiten an sich, die bisher im Verborgenen lagen. Prüfen Sie Ihre Lebenskonzepte — außerhalb der üblichen Bewertungen „falsch" oder „richtig".

Handeln Sie — jetzt!

B

Die Experimente — 216 Schritte in ein faszinierendes Leben

Gehen Sie am **Samstag** in fünf unbekannte **Lokale**. Essen Sie dort jeweils nur **eine Kleinigkeit**, aber **laden** Sie immer eine **fremde Person** dazu ein.

Nehmen Sie **eine Woche** eine Freundin mit, die Ihren **Tagesablauf** begleitet und Sie stündlich fragt, ob Sie **glücklich** sind. Wenn das nicht geht, lassen Sie sich stündlich von ihr **anrufen** mit der **Frage,** ob Sie **glücklich sind.**

/

Nehmen Sie eine Woche einen **Freund** mit, der Ihren **Tagesablauf begleitet** und Sie **stündlich** fragt, ob Sie **glücklich** sind. Wenn das **nicht geht,** lassen Sie sich stündlich **von ihm anrufen** mit der **Frage,** ob Sie glücklich sind.

Mut ist das Übertreten der sich selbst gesteckten Grenzen.

25

Der erste Versuch, der erste Schritt ist schon der Anfang einer Veränderung.

Gehen Sie mit einem Freund in ein Restaurant. Füttern Sie sich gegenseitig während eines 3-Gänge-Menüs. Erst füttern Sie ihn, dann füttert er Sie.
Die Gänge kommen natürlich zeitverzögert, damit nichts kalt wird.

/

Gehen Sie mit einer Freundin in ein Restaurant. Füttern Sie sich gegenseitig während eines 3-Gänge-Menüs. Erst füttern Sie sie, dann füttert sie Sie.
Die Gänge kommen natürlich zeitverzögert, damit nichts kalt wird.

26

Sprechen Sie einen fremden, für Sie **attraktiven** Mann an und fragen ihn **direkt**, ob er mit **Ihnen essen** geht.

/

Sprechen **Sie** eine **fremde**, für Sie attraktive **Frau** direkt an und fragen sie, **ob** sie mit Ihnen essen geht.

Jede anbrechende Minute ist eine neue Chance, sein Leben zu verändern.

Heute Abend geht es ab in den Club! Ziehen Sie sich aufreizend an und gehen Sie in eine Lesbenbar. Laden Sie eine interessante Frau zu einem Cocktail ein.

/

Heute Abend geht es ab in den Club! Ziehen Sie sich aufreizend an und gehen Sie in eine Schwulenbar. Laden Sie einen interessanten Mann zu einem Cocktail ein.

Fragen Sie Ihren

Freundeskreis, was

man davon hält, dass Sie sich

über www.**kuschelparty**.com zur

Kuscheltrainerin **ausbilden**

lassen wollen.

/

Nehmen Sie an einer der

deutschlandweit angebotenen

Kuschelpartys teil.

Bitten Sie **Ihren besten**

Freund, **mitzukommen.**

Wer nicht wagt, der nicht gewinnt.

Buchen Sie für das **kommende Wochenende** eine Übungsrunde am Nürburgring — oder eine vergleichbare **Herausforderung** im **automobilen Bereich.**

/

Buchen Sie für das kommende Wochenende ein **Seminar** zum Thema „Inneres Kind" oder ein **Esoterik-Seminar.**

Es ist **Freitagmittag**. Fahren
Sie zum **Flughafen**. Gehen
Sie zum ersten
Ticketschalter, den Sie
sehen, kaufen das **billigste**
Ticket ins **Ausland**
und fliegen mit
dem nächsten
Flieger über das
Wochenende weg.

Laden Sie zehn Freundinnen zu einer Wasserpistolen-Party ein! Jede Freundin bringt eine Wasserpistole mit. Sie gehen in den Park, wo jede Menge Zuschauer Sie beobachten können. Sie sind bestens angezogen.

/

Laden Sie zehn Freunde zu einer Kuchenschlacht ein! Jeder Freund bringt einen Kuchen mit. Sie gehen in den Park, wo jede Menge Zuschauer Sie beobachten können. Sie sind bestens angezogen.

Rufen Sie einen **alten Freund** an und machen Sie mit ihm ein **Picknick** auf einer Bank im **Hauptbahnhof.**

/

Rufen Sie eine alte **Freundin** an und machen Sie **mit ihr** ein **Picknick** auf einer **Bank** im Hauptbahnhof.

Auf zu neuen Taten.

Kaufen Sie in einer Apotheke Kondome. Aber fragen Sie von hinten aus der Warteschlange, was die Kondome kosten. Das üben Sie zwei Stunden in jeder Apotheke einer Großstadt.

/

Kaufen Sie in einer Apotheke Kondome. Aber fragen Sie von hinten aus der Warteschlange, ob es die auch in XS (extraklein) gibt. Das üben Sie zwei Stunden in jeder Apotheke einer Großstadt.

Besuchen Sie einen
Tango-Schnupperkurs mit
drei alten
Freundinnen!

/

Besuchen Sie einen Tango-
Schnupperkurs mit drei

alten Freunden!

Gehen Sie nur mit einem Bikini bekleidet ins Restaurant. Um die Schulter tragen Sie ein Badehandtuch und an der Hand eine Badetasche.

/

Gehen Sie nur mit einer Badehose bekleidet ins Restaurant. Um Ihre Schulter liegt ein Badehandtuch, die Badetasche halten Sie in der Hand.

Erklären Sie eine/m/r Freund/in in einer Bar lautstark die Funktionsweise und spezielle Vorzüge eines Vibrators, den Sie mitbringen.

/

Lesen Sie gemeinsam mit einem Freund in einer Bar lautstark ein Pornoheft.

Wo ein Wille ist, ist auch ein Weg.

Kleiden Sie sich am

Freitag wie ein

Mann und laufen

Sie so durch die Stadt.

/

Kleiden Sie sich am Freitag

wie eine Frau und

laufen Sie so durch

die Stadt.

Kaufen Sie ein Special-Sexy-Set und überraschen Sie damit am Abend Ihren Freund.

/

Kaufen Sie ein Special-Sexy-Set und überraschen Sie damit am Abend Ihre Freundin.

Anfangen können Sie immer nur heute.

Melden Sie sich für nächsten Sonntag zum Trödelmarkt an. Verkaufen Sie dort Ihre alten Sachen. Befreien Sie sich von angestautem Ballast.

Arbeiten Sie am Wochenende

unentgeltlich in einem

Altenheim.

Der beste Weg zum Ziel verläuft selten gerade.

Gehen Sie in eine
beliebige Straße
und waschen Sie ein Auto.

Gehen Sie in ein Computergeschäft und suchen Sie sich drei Teile aus. Stellen Sie sich nun an der Kasse an, entscheiden Sie sich dann aber kurzerhand dafür, die Teile doch nicht zu kaufen, sodass eine lange Warteschlange entsteht.

/

Gehen Sie in ein Modegeschäft und suchen Sie sich drei Teile aus. Stellen Sie sich nun an der Kasse an, entscheiden Sie sich dann aber kurzerhand dafür, die Teile doch nicht zu kaufen, sodass eine lange Warteschlange entsteht.

Wer immer tut, was er schon kann, bleibt immer das, was er schon ist.

Loben Sie **50 Leute**, die Sie bei Ihrem nächsten **Einkaufsbummel** am Wochenende in der **Stadt** treffen! Machen Sie **ehrliche Komplimente.**

Fahren Sie abends mit dem Taxi zu Ihrem Vorgesetzten, bringen ihm einen Strauß Blumen mit und bedanken sich bei ihm für die Zusammenarbeit, die Sie gut finden.

/

Fahren Sie abends mit dem Taxi zu Ihrem Vorgesetzten, bringen ihm eine Flasche Wein mit und bedanken sich bei ihm für die Zusammenarbeit, die Sie gut finden.

Man muss gut überlegen, was man sich wünscht. Es könnte passieren, dass man es bekommt.

Kaufen Sie sich eine Leinwand,
Farbe und Pinsel und malen
Sie ein Bild draußen auf
der Straße, in der Fußgängerzone.

Diskutieren Sie es
dann mit Passanten.

Kaufen Sie sich ein erotisches Buch und lesen Sie es in einem Bistro/Café. Lesen Sie einzelne Passagen anderen Gästen vor und beginnen Sie eine Diskussion.

Nur wer gegen den Strom schwimmt, kommt zur Quelle.

Gehen Sie **Schlittschuh-** oder **Rollschuhlaufen** in einem ungewöhnlichen **Kostüm,** z. B. dem einer **Manga-Figur.**

/

Gehen Sie Schlittschuh- **oder** Rollschuhlaufen in einer **ungewöhnlichen** **Verkleidung,** z. B. in einem **Elviskostüm.**

Setzen Sie sich
im Wald auf einen
Hochsitz und verbringen
Sie dort eine Nacht.

Gehen Sie in ein Restaurant und machen Sie dort am Samstag und Sonntag Musik.

/

Gehen Sie in ein Restaurant und machen Sie dort am Samstag und Sonntag den Abwasch.

Arbeiten Sie einen
Tag unentgeltlich in
einem Beate-Uhse- /
Dr. Müller-Shop etc.

Der Stein, der rollt, setzt keinen Schimmel an.

Mieten Sie sich eine Werbetafel und stellen Sie mit einer Collage 100 Illustrationen/ Fotos dar. Diskutieren Sie diese mit vorbeilaufenden Passanten.

Benutzen Sie einen Monat lang ab 17 Uhr Ihr Handy nicht! Schreiben Sie Briefe — überbringen Sie diese persönlich.

Ein Hund, der sich regt, jagt mehr als ein Löwe, der sich legt.

Sehen Sie eine Woche
kein TV. Lesen Sie
jeden Abend ein
Buch und sprechen Sie in
Ihrer Mittagspause mit
Ihren Kollegen darüber.

Schweigen
Sie **drei Tage**.

Suchen Sie einen Freund und einen Feind auf und sagen Sie beiden, was Sie denken. Seien Sie total offen und ehrlich, nehmen Sie kein Blatt vor den Mund.

Verbringen Sie einen Tag im
Obdachlosenheim. Helfen Sie
bei der Ausgabe der Mahlzeiten.

/

 Verbringen Sie einen
Tag im Kindergarten.

Säubern Sie am Samstag und am Sonntag die Seitensteige einer Straße. Nehmen Sie dazu einen großen Beutel und einen Vielzweckgreifer.

Seien Sie für **einen Tag** ein **Kotzbrocken,** also genau **das Gegenteil** Ihres Typs. Sie **spielen** das, was Sie an anderen **Menschen** ablehnen. **Kleiden Sie** sich mit Kleidung, die Sie **normalerweise ablehnen.** Ändern Sie auch Ihre **Mimik** und **Gestik** entsprechend.

Wollen befreit.

Tauschen Sie für einen Tag in Ihrer Ehe/Beziehung die Rollen. Spielen Sie für einen Tag den Mann.

/

Tauschen Sie für einen Tag in Ihrer Ehe/ Beziehung die Rollen. Spielen Sie für einen Tag die Frau.

Melden Sie sich im
Swingerclub an.

Leidenschaft ist das Feuer der Gestaltung.

Probieren Sie mit
Ihrem Partner die

Kamasutra-Stellungen

39 und 54 aus.

Schminken Sie
sich eine
Woche nicht!

/

Lassen Sie sich einen
Bart wachsen oder, wenn
Sie bereits
einen Bart tragen,
rasieren Sie
diesen ab.

Tu alles im Leben, als würdest du es zum letzten Mal tun.

Dem fleißigen Hamster schadet der Winter nicht.

Gehen Sie zu einem Aktmalereikurs und stehen Sie dort Modell.

Vernaschen Sie in der Umkleidekabine eines Kaufhauses Ihren Freund/Mann.

/

Vernaschen Sie in der Umkleidekabine eines Kaufhauses Ihre Freundin/Frau.

 Mieten Sie
sich drei Herren
vom Escortservice.
/
Mieten Sie sich drei
Damen vom
Escortservice.

Komponieren Sie mit einer Freundin ein Lied, singen Sie dazu, und nehmen Sie es auf CD auf, sodass es in einer Kneipe vorgespielt werden kann.

/

Komponieren Sie mit einem Freund ein Lied, singen Sie dazu, und nehmen Sie es auf CD auf, sodass es in einer Kneipe vorgespielt werden kann.

Erfolg hat nur, wer etwas tut, während er auf den Erfolg wartet.

Veröffentlichen Sie ein
Buch mit zehn
Seiten im Internet.
Gehen Sie damit
zu fremden
Menschen und diskutieren
Sie es.

Sammeln Sie am Strand Ange-
schwemmtes bzw. im Wald
Weggeworfenes und
machen Sie ein Kunstobjekt
daraus.

Stellen Sie es in der
Fußgängerzone aus und reden
Sie mit Passanten drüber.

Den guten Seemann erkennt man beim schlechten Wetter.

Leihen Sie sich ein Instrument aus und spielen Sie eine Stunde im Hauptbahnhof. Hauptsache, Sie können auf dem Instrument nicht spielen!

Formulieren Sie Ihre eigene
Todesanzeige und
diskutieren Sie diese
mit Ihren Freunden
in der Sauna.

Courage ist gut. Ausdauer ist besser.

Kleben Sie sich für einen Tag einen Schnurrbart an.

/

Lackieren Sie sich für einen Tag die Fingernägel rot.

Kaufen Sie

250 Kondome und

verschenken diese

auf der Straße.

Keiner kann durch die Nase eines anderen einatmen.

Essen Sie mit Stäbchen in einem Café, z. B. Schokosahnetorte.

/

Essen Sie mit Stäbchen in einem normalen Restaurant, z. B. Sauerkraut mit Eisbein.

Trinken Sie einen

Monat keinen

Alkohol.

Rauchen Sie **Wasserpfeife**
und philosophieren Sie dabei
über **Friedrich**

Nietzsche. Sie brauchen
dazu **Publikum.**

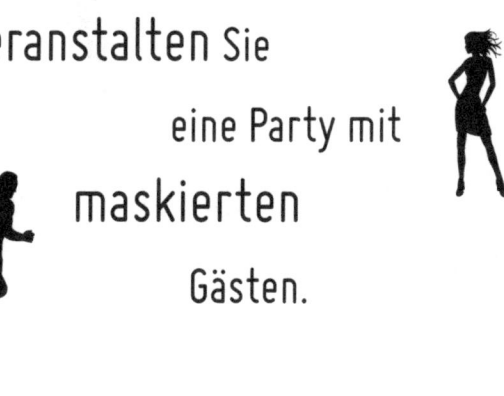

Veranstalten Sie

eine Party mit

maskierten

Gästen.

Kaufen Sie
Topfblumen und
bepflanzen Sie eine
heruntergekommene
Baumscheibe in einem
Problemviertel.

Unternehmen Sie Versöhnungsversuche mit Ihren Widersacherinnen.

/

Unternehmen Sie Versöhnungsversuche mit Ihren Widersachern.

Wer auf der Matte schläft, kann nicht tief fallen.

Gehen Sie mit Ihren Arbeitskollegen in eine Karaokebar und singen Sie ein Lied.

Laden Sie eine **fremde**
Person, die
Ihnen beim **Bäcker**
begegnet, zum
Frühstück ein.

Auch der beste Gaul stolpert einmal.

Sind Sie Rechtshänderin? Machen
Sie einen ganzen Tag lang alles
mit links, auch Ihre Körperhygiene.
Als Linkshänderin machen
Sie alles rechts.

/

Sind Sie Rechtshänder?
Machen Sie einen ganzen
Tag lang alles mit links,
auch Ihre Körperhygiene.

Als Linkshänder machen
Sie alles rechts.

Gehen Sie ganz langsam durch die Ortschaft – in zehn Minuten lediglich fünf Meter.

Wer die Wärme liebt, muss den Rauch dulden.

Betrachten Sie auf einer Parkbank eine Stunde in einem Handspiegel die vorbeilaufenden Passanten.

Kaufen Sie sich
ein Musikinstrument
und lernen Sie es.

Eine verlorene Schlacht ist kein verlorener Krieg.

Laden Sie **acht Freunde** zum Essen ein und **kochen Sie** etwas, das Sie vorher noch **nie** gekocht haben.

Organisieren Sie einen Liederabend in der nächsten Kneipe. Verteilen Sie dafür ein entsprechendes Liederbuch.

Wegen der Rose begießt man die Dornen.

87

Machen Sie ein **Lagerfeuer** mit

drei Menschen, die Sie

kaum kennen.

Gießen Sie sich heute jede
Stunde den ganzen Tag lang
ein Glas Wasser über
den Kopf. Wenn Sie

dies tun, brauchen
Sie Zuschauer.

Realität ist eine Verhandlungssache.

Gehen Sie mit
drei Leuten um
12 Uhr nachts auf
den Friedhof.

Pflegen Sie mit
Ihrem Nachbarn
das Grab
eines Unbekannten.

Lassen Sie einen Korb voll Gegen-
stände herunterfallen. Bitten Sie
Passanten um Hilfe — ohne Worte,
nur durch Gesten und Blicke.

/

Mieten Sie ein Schaufenster
und setzen Sie sich rein. Schau-
en Sie den Passanten direkt
in die Augen.

Gefesselte Hände können keinen Beifall klatschen.

 Nutzen Sie eine Partnerver-
mittlung oder den
Internetservice.
Suchen Sie einen mindestens
fünf Jahre jüngeren Mann.

/

Nutzen Sie eine Partnervermittlung
oder den Internetservice.
Suchen Sie eine
mindestens fünf
Jahre ältere Frau.

Wenn eine Blume fliegt, dann ist es ein Schmetterling.

Gehen Sie in ein Ausländer-Stadtteil-zentrum. Ihre Aufgabe ist es, diesen Menschen zuzuhören. Sie belehren sie nicht, Sie hören lediglich zu. Das machen Sie einen Monat lang jeden Samstag. Führen Sie mindestens fünf Gespräche pro Samstag.

Lassen Sie sich für
das Wochenende
die Haare rot oder
türkis färben.
Natürlich auswaschbar.

Das Publikum beklatscht ein Feuerwerk, aber keinen Sonnenaufgang.

Setzen Sie sich **zwei Tage** in einen **Rollstuhl** und lernen Sie **Respekt**.

Rufen Sie im Internet zu einem **Flashmob** auf, sodass sich alle an einer bestimmten **Stelle** mit einem **Plüschhasen** treffen.

Nichts auf der Welt ist so mächtig, wie eine Idee, deren Zeit gekommen ist.

Setzen Sie sich in eine Kneipe und bestellen Sie sich nacheinander mindestens fünf alkohol- freie Biere. Spielen Sie nun den Gästen vor, dass Sie total betrunken sind.

/

Setzen Sie sich in eine Kneipe und bestellen Sie sich nacheinander zehn alkoholfreie Biere.

Spielen Sie nun den Gästen vor, dass Sie total betrunken sind.

Trinken Sie bei Ihrem nächsten
Restaurantbesuch
ein Glas **Wein** mit
einem **Löffel**.

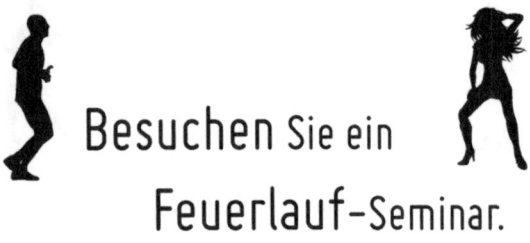

Besuchen Sie ein
Feuerlauf-Seminar.

Machen Sie einen
Fallschirm-Tandem-
Sprung.

Laufen Sie mit

Bademantel,

Badekappe und

 **Schwimmflossen** durch

die Stadt.

Laufen Sie mit dem
quasi Olympischen Feuer
durch die Stadt.
Aber: mit einem Streichholz,
das Sie immer wieder anzünden
und einem CD-Player mit
olympischer Musik.

Das Kanu trifft nie den Baumstumpf wieder, von dem es gehauen wurde.

Setzen Sie sich in der City an einen kleinen Tisch und wickeln Sie sich langsam Spaghetti Napoli um beide Handgelenke.

Gehen Sie zu einer
Contactimprovisation
(contact jam), also zu
einer Tanzveranstaltung,
bei der verschiedene
Ganzkörper-Berührungs-
varianten ausprobiert
werden.

Wenn ein Kind zwei Meter groß wird, kürzt man nicht die Beine, statt ein neues Bett zu kaufen.

Gehen Sie in einen Chat, in dem Sie anderer Meinung sind, und beziehen Sie Stellung. Das üben Sie einen Tag lang.

Schreiben Sie einen Aufsatz über „Die Kunst des Lebens" und veröffentlichen Sie diesen im Internet. Diskutieren Sie den Aufsatz mit Ihren Freunden.

Ist das Gedicht fertig, stirbt es.

Schreiben Sie auf
einer Seite auf, was
das Schöne an der Welt ist, und
diskutieren Sie dies mit Ihren
Arbeitskollegen.

Tragen Sie einen
Tag lang
eine **Burka**.

Der Veränderung die Tür verschließen, hieße das Leben selber aussperren.

Lassen Sie mit
Ihren **Nachbarskindern**
einen **Drachen** steigen.

Halten Sie einen Gastvortrag an einer Volkshochschule.

Die Zeit ist die Larve der Ewigkeit.

Heulen Sie gemeinsam
mit Freundinnen im
Dunkeln den Mond an.

/

Heulen Sie gemeinsam
mit Freunden im Dunkeln
den Mond an.

Vernaschen Sie Ihren Freund/Mann
 im Kino während
einer Vorstellung.
/
Vernaschen Sie Ihre Freun-
din/Frau im Kino während
einer Vorstellung.

Das Rohr bewegt sich nicht ohne Wind.

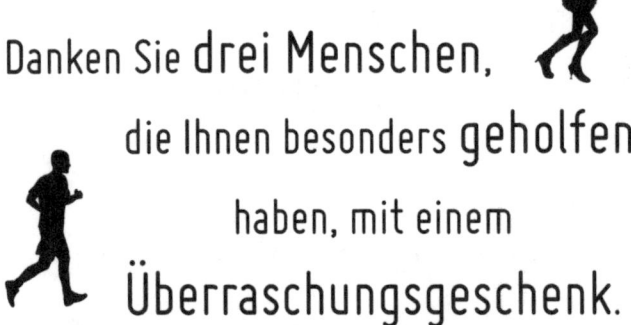

Danken Sie drei Menschen, die Ihnen besonders geholfen haben, mit einem Überraschungsgeschenk.

 **Räumen** Sie Ihren
Kleiderschrank
auf und **sortieren Sie** alles aus, was
Sie nicht mehr brauchen.
Verteilen Sie es in der
Fußgängerzone.

Misten Sie Ihren

Speicher / Keller /

Ihre Garage aus und

verkaufen Sie

diese Teile an Ihrer

Haustür.

Beschreiben Sie Ihr eigenes Leben.  Schreiben Sie dies auf und diskutieren Sie es mit  Schülern oder Auszubildenden.

Die Sonne geht an keinem Dorf vorüber.

Arbeiten Sie
einen Tag
in einer
Pommesbude.

Gehen Sie heute in eine Bar und animieren Sie eine Freundin,

mit Ihnen zu gehen. Rauchen Sie dort gemeinsam eine Zigarre und trinken Sie Cognac.

/

Gehen Sie heute in eine Bar und animieren Sie einen Freund, mit Ihnen zu gehen.

Rauchen Sie dort gemeinsam eine Zigarette

mit Zigarettenspitze und trinken Sie ein Glas Milch.

Der Tag, an dem Du nicht gelacht hast, ist ein verlorener Tag.

Besuchen Sie
einen **Wahrsager**
und **diskutieren** die
Weissagung mit
Freunden — einen
Tag lang.

Gehen **Sie** mit einer

Ente spazieren.

Lassen Sie sich ein Henna-Tattoo ins Gesicht malen und gehen Sie am Abend in die Oper. Achtung, ein echtes verblasst nur sehr langsam!

Fahren Sie nach **Hamburg**
und besuchen
Sie **frühmorgens** den **Fisch-**
markt. Machen Sie **Fotos** von
den Menschen, fangen Sie die
Atmosphäre ein.
Diskutieren Sie die
Fotos mit anderen **fremden**
Menschen, die Ihnen auf dem Markt
begegnen.

Manche nehmen nicht teil – das Leben passiert ihnen.

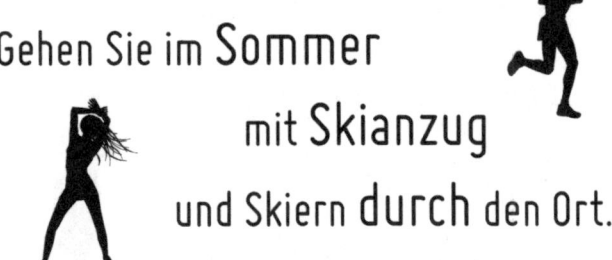

Gehen Sie im Sommer
mit Skianzug
und Skiern durch den Ort.

Gehen Sie eine Stunde rückwärts durch die Fußgängerzone.

Machen Sie
einen **Bungee-Sprung.**

Kaufen Sie sich eine
verrückte Perücke
und **tragen**
Sie diese **einen Tag** lang.

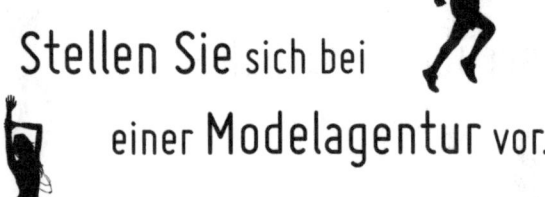

Stellen Sie sich bei einer Modelagentur vor.

Bieten Sie eine **erotische Lesung** der **Weltliteratur** in einem **Seniorenheim** an. Oder wahlweise eine **Filmaufführung** von „Wolke **9**" mit anschließender **Diskussion**.

Man kann nicht die Kuh verkaufen und die Milch behalten.

Machen Sie eine Umfrage vor dem Supermarkt, an der Tankstelle etc. zum Thema „Zölibat – ja oder nein?" Sprechen Sie mindestens 50 Menschen an. Fassen Sie das Ergebnis zusammen und reichen es bei Ihrer Gemeinde ein.

Waschen Sie sich **14 Tage** lang nicht **die Haare** und ziehen Sie sich **gammelige** Klamotten an.

Spielen Sie einen Tag lang einen Lehrer.
Belehren Sie jemanden über ein Thema, das Ihr Gegenüber  aber nicht interessiert.

Stecken Sie Ihre Füße in Bergwanderschuhe und wickeln Sie eine Plastiktüte herum, auf der Sie oben eine Plastikblume kleben.

 Versuchen Sie, eine Nacht damit zu schlafen, ohne die Blume abzustreifen.

Besser eigenes Brot als fremder Braten.

Sprechen Sie einen sehr at-traktiven Mann an und fragen Sie ihn, was er empfehlen würde, um einen Mann wie ihn kennenzulernen.

/

Sprechen Sie eine sehr attraktive Frau an und fragen Sie sie, was sie empfehlen würde, um eine Frau wie sie kennenzulernen.

Lassen Sie sich einmal im Leben eine Glatze schneiden.

/

Lassen Sie sich Ihre Haare schulterlang wachsen. Haben Sie keine Haare mehr? Kaufen Sie sich eine Perücke mit Pony bis in die Augen.

Wer sich am Ziele glaubt, geht zurück.

Tragen Sie am Wochenende eine Hornbrille ohne Glas in verrückter Farbe mit Brillanten. Hauptsache abgefahren und verrückt.

Malen Sie nur die
eine Hälfte
Ihres Gesichts mit einer
abwaschbaren Farbe
an und gehen Sie
einkaufen — einen Tag lang.
Beobachten Sie,
was passiert.

Der Weg nach Irgendwo führt nach Nirgendwo.

Suchen Sie einen einsam lebenden Menschen auf. Besuchen Sie diesen Menschen jeden zweiten Sonntag am Vor- oder Nachmittag, bringen Sie einen Kaffee und eine Zeitung mit, die Sie vorlesen. Spielen Sie Dame oder Schach — sechs Monate lang. Ihre Erfahrungen besprechen Sie mit Ihrem Partner.

Räumen Sie einen
Raum in Ihrer Wohnung
aus, verkaufen
Sie alle Möbel und richten
Sie diesen Raum dann total
freaky ein.

Der Erfolg ist eine Lawine: Es kommt auf den ersten Schneeball an.

Kaufen Sie 50
rote Rosen und verteilen
Sie diese an 50 Männer.

/

Kaufen Sie 50 rote Rosen
und verteilen Sie diese
an 50 Frauen.

Gehen Sie in eine Oper, ins Theater oder in ein Musical und versuchen Sie, Backstage zu gelangen, um dem Star persönlich zu gratulieren.

Wer nicht auf die hohen Berge steigt, kennt die Ebene nicht.

Sprechen Sie **drei Männer**, die in einer **Gruppe** stehen, an. **Bandeln** Sie mit allen **gleichzeitig** an.

/

Sprechen Sie drei **Frauen**, die in **einer Gruppe** stehen, an. Bandeln Sie **mit** **allen** gleichzeitig **an**.

Gehen Sie in einem Lokal auf einen
Mann zu, den Sie anziehend finden, und sagen Sie ihm,
dass er Sie bitte nicht so
anstarren soll. Das üben
Sie einen Tag lang.

/

Gehen Sie in einem Lokal auf
eine Frau zu, die Sie anziehend
finden, und sagen Sie ihr, dass
sie Sie bitte nicht so
anstarren soll.
Das üben Sie einen Tag lang.

Eine Schlucht überquert man nicht in zwei Sprüngen.

Die Wurzeln erzählen den Zweigen nicht, was sie denken.

Bereiten Sie einen **Fragebogen** mit **50** bekloppten **Fragen** vor. Machen Sie nun **Interviews** mit **Leuten**, die es **eilig** haben, die auf einen **Zug** **warten**. Wurde der Zug **verpasst**, haben Sie **gewonnen**.

Machen Sie eine Selbstanalyse mit Ihren besten und schlechtesten Eigenschaften. Gehen Sie nun auf fremde Männer zu, um diese Eigenschaften zu diskutieren.

/

Machen Sie eine Selbstanalyse mit Ihren besten und schlechtesten Eigenschaften. Gehen Sie nun auf fremde Frauen zu, um diese Eigenschaften zu diskutieren.

Nur wer selbst brennt, kann Feuer in anderen entfachen.

Bieten Sie an einer „Problemschule" ein Mentoring für eine
schwierige Schülerin an.
Begleiten Sie sie ein halbes
Jahr lang, seien Sie ein Vorbild.

/

Bieten Sie an einer „Problemschule"
ein Mentoring für einen schwierigen
Schüler an. Begleiten Sie ihn ein
halbes Jahr lang,
seien Sie ein Vorbild.

Du verlierst nichts, wenn du mit deiner Kerze die eines anderen anzündest.

Führen Sie vier **Wochen**
lang **Tagebuch. Besuchen** Sie
fremde **Menschen** im
Krankenhaus und
laden Sie sie ein,
mit Ihnen **darüber** zu reden.

Manche Hähne glauben, dass die Sonne ihretwegen aufgeht.

Lernen Sie einen Tag lang chinesisch. Sprechen Sie nun einen Tag fremde Personen auf Chinesisch an.

Malen Sie zehn Aquarellbilder und **verkaufen** Sie diese samstags in der Stadt.

Überraschen Sie Ihren Partner zu Hause. Zum **Beispiel** mit **100** brennenden Kerzen, **1.000 Blütenblättern** auf **dem Weg** ins Badezimmer, Schokolade im Dekolleté ...

/

Überraschen Sie **Ihren Partner** zu Hause. Zum Beispiel mit 100 **brennenden Kerzen,** 1.000 Blütenblättern auf dem Weg ins **Badezimmer,** einer **Schokoladencreme-**Massage ...

Kaufen Sie sich das Buch „Kamasutra" und markieren Sie Ihre üblichen Stellungen an. Entdecken Sie nun alle anderen für sich!

Wer viele Eisen im Feuer hat, dem werden einige kalt.

Laden Sie Ihren Partner/Mann zu einem privaten FKK–Frühstück am Sonntag ein.

/

Laden Sie Ihre Partnerin/Frau zu einem privaten FKK–Frühstück am Sonntag ein.

Erzählen Sie einer
unbekannten
Person am Samstag in
der Warteschlange hinter
Ihnen einen kurzen Witz.
Gehen Sie von Schlange zu
Schlange.

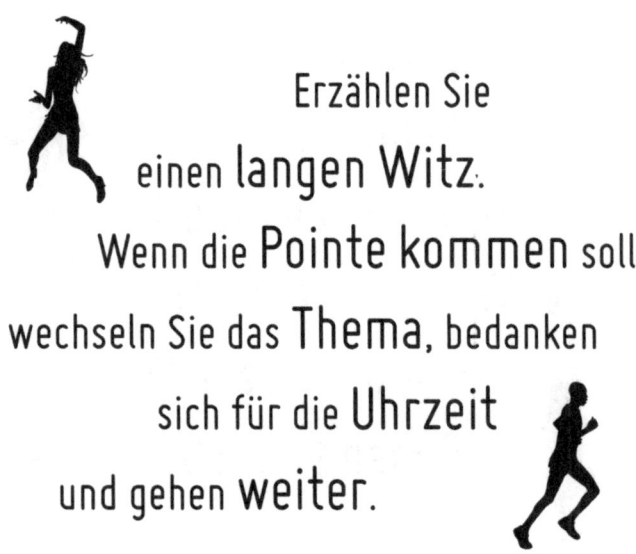

Erzählen Sie
einen langen Witz.
Wenn die Pointe kommen soll,
wechseln Sie das Thema, bedanken
sich für die Uhrzeit
und gehen weiter.

Besuchen Sie
eine **Feier** oder
öffentliche Festlichkeit,

zu der
Sie nicht
eingeladen sind.

Den Wind kann man nicht verbieten, aber man kann Mühlen bauen.

Eine Gruppe

steht zusammen.

Sie gehören aber

nicht dazu.

Gehen Sie hin und stellen

Sie eine Frage.

Lesen Sie in der
Aula der Uni den Playboy,
wenn diese voller
Studenten ist. Ziehen
Sie andere in ein
Gespräch ein.

Der Tod hat keinen Kalender.

Gehen Sie in eine **Vorlesung**, melden Sie sich und **stellen** Sie eine Frage zu einem anderen Thema.

 Tragen Sie einen
Tag lang
eine Maske.

Wer zur Quelle gehen kann, gehe nicht zum Wassertopf.

Tragen Sie einen **Tag** lang einen Mundschutz.

Schauen Sie einen Mann an
und sagen Sie ihm, dass Sie
hellsehen
können. Fragen Sie ihn, ob er
wissen will, was Sie denken.

/

Schauen Sie eine Frau an und
sagen Sie ihr, dass Sie
hellsehen können.
Fragen Sie sie, ob sie
wissen will, was
Sie denken.

Schütteln Sie
während eines Gespräches
den Kopf, wenn
Sie zustimmen und bejahen
Sie mit Kopfnicken,

wenn Sie ablehnen. Führen Sie
viele solcher Gespräche.

Laden Sie zu einer Party ein,
zu der jeder etwas Verrücktes
mitbringt. Die Party
beginnt aber erst um 2 Uhr
morgens.

Wo Geld vorangeht, sind alle Wege offen.

Sie haben **heute** die **Aufgabe,** die **Telefonnummern** von **drei Männern** zu ermitteln.

/

Sie **haben heute** die Aufgabe, die Telefonnummern von **drei** Frauen zu ermitteln.

Gehen Sie zu
einem **Casting** von
„**Deutschland** sucht
den **Superstar**"

oder einer **vergleichbaren**
Talentshow.

Ein Mensch ohne Geld ist wie ein Wolf ohne Zähne.

Gehen Sie eine Woche mit drei Freunden wandern — quer durch die Eifel. Übernachten Sie in einer Jugendherberge. Ihr Handy bleibt zu Hause.

Buchen Sie zwei **Seminare** pro Monat, für ein ganzes Jahr, mit für Sie fremden Gruppen und **Themen**.

Geld ist potentielle Energie.

167

Besuchen Sie eine Dessous-Party. Oder organisieren Sie selbst eine (z. B. mithilfe eines örtlichen Dessousladens).

/

Organisieren Sie eine Dessous-Party (z. B. mithilfe eines örtlichen Dessousladens).

Kaufen Sie sich
einen besonderen
Vibrator, z. B. in Form eines
Delfins, und gehen Sie
in ein gut besuchtes Lokal. Legen
Sie den Vibrator gut
sichtbar auf den
Tisch und
bestellen Sie.
Guten Appetit!

Leben Sie eine Woche umgekehrt zu Ihrem Biorhythmus: Wenn Sie also eine Frühaufsteherin sind, schlafen Sie lange, und wenn Sie eine Nachtschwärmerin sind, gehen Sie früh ins Bett.

/

Leben Sie eine Woche umgekehrt zu Ihrem Biorhythmus: Wenn Sie also ein Frühaufsteher sind, schlafen Sie lange, und wenn Sie ein Nachtschwärmer sind, gehen Sie früh ins Bett.

Nehmen Sie sich eine Kamera und werben Sie Männer für Fotoaufnahmen an. Knipsen Sie so lange, bis der Mann das Weite sucht.

/

Nehmen Sie sich eine Kamera und werben Sie Frauen für Foto-aufnahmen an. Knipsen Sie so lange, bis die Frau das Weite sucht.

Nur wer seine Schuhe selbst bezahlt, steht auf eigenen Füßen.

Erzählen Sie zehn
fremden
Menschen eine wahre
und eine
unwahre Geschichte über sich.
Lassen Sie Ihr
Gegenüber raten,
welche Geschichte
stimmt.

Schauen Sie jemanden an,
der nichts gesagt hat.
Sagen Sie zu ihm: „Ach, wo Sie
das gerade sagen, ..." und
verwickeln Sie Ihr Gegenüber in
ein Gespräch, und das 30 Mal
am Samstag in der
Einkaufspassage.

Sprechen Sie
einen **Vormittag**
mit einem **Klicklaut** oder
Schluckauf!

Sprechen Sie einen ganzen Tag lang nur englisch. Zu Hause, im Büro, beim Bäcker, an der Tankstelle ...

Der Mensch lernt, solange er lebt, und stirbt doch unwissend.

Melden Sie sich mit
drei Freundinnen,
die den gleichen Sportlichkeitslevel wie Sie haben, zum
nächsten Stadt-Marathon an.

/

Melden Sie sich mit drei
Freunden, die
den gleichen
Sportlichkeitslevel wie
Sie haben, zum
nächsten Stadt-Marathon an.

Gehen Sie in einem **Vergnügungspark** mit zehn **fremden Personen**, die Ihnen **sympathisch** sind, auf **zehn verschiedene** Geräte.

Gescheite Hähne frisst der Fuchs auch.

Gehen Sie eine

Woche lang

zu Fuß oder

mit dem Fahrrad

zur Arbeit.

Schreiben Sie

Ihr **Testament.**

 Sprechen Sie es mit zehn

Fremden durch.

Schieben Sie einen leeren Kinderwagen mit zwei großen Stofftieren durch die Stadt.

Üben Sie jeden Morgen im Park mindestens 20 Minuten Tai Chi, sodass sehr viele Passanten Sie sehen.

Leute mit leichtem Gepäck kommen am besten durchs Leben.

Machen Sie eine Woche lang kurz vor Feierabend im Büro zehn Kniebeugen, wenn jede Menge Kollegen Ihnen zuschauen.

/

Machen Sie eine Woche lang kurz vor Feierabend im Büro zehn Liegestütze, wenn jede Menge Kollegen Ihnen zuschauen.

Melden Sie sich drei
Monate als ehrenamtli-
cher Mitarbeiter bei
einer wohltätigen
Organisation
oder beim Tierheim für
einen Hundetransport
aus Rumänien.

Umarmen Sie 100 **Fremde** an einem Samstag in der Stadt und **wünschen Sie** ihnen alles **Gute** und einen **schönen** Tag. **Fragen** Sie sie vorher, ob Sie sie  **umarmen** dürfen, zwingen Sie **niemandem** eine **Berührung** auf.

Schreiben Sie sich

an der Uni für Geologie

oder ein

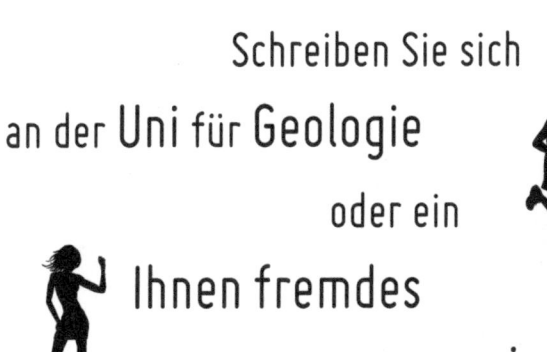

Ihnen fremdes

Fachgebiet ein.

Nehmen Sie
sich auf Video auf
und zeigen Sie es fremden
Personen.

Fragen Sie, was sie
von dem Video halten.

Gehen Sie am **Wochenende** mit drei **Freundinnen** zelten.

/

Gehen Sie am Wochenende mit **drei** Freunden zelten.

Lernen Sie schnitzen und üben Sie dies während Ihrer Mittagspause in der Kantine.

/

Lernen Sie stricken und üben Sie dies während Ihrer Mittagspause in der Kantine.

Verbringen Sie ein
Wochenende auf einem
Bauernhof. Melken Sie

die Kühe,

misten Sie den Stall aus —
natürlich kostenlos.

Alles auf einmal tun zu wollen, zerstört alles auf einmal.

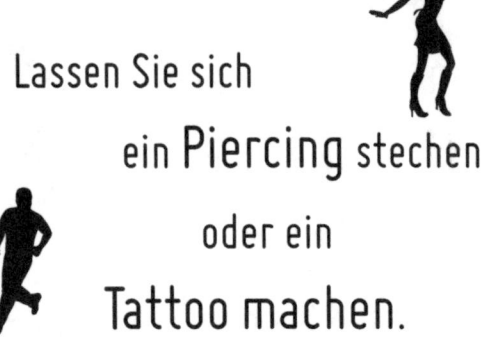

Lassen Sie sich
ein **Piercing** stechen
oder ein
Tattoo machen.

Sagen Sie ab
heute 40 Tage lang anderen
Menschen die Wahrheit.
Seien Sie
respektvoll dabei.

Melden Sie sich zum „Samba-Dancing" an.

Erkundigen Sie sich **einen Tag** lang in der Stadt nach **Se**henswürdigkeiten, aber **stotternd!**

Lausche auf den Ton des Wassers und du wirst eine Forelle fangen.

Tragen Sie einen Samstag lang einen Kopfschmuck mit zwei Augen, die beleuchtet sind.

Fliegen Sie mit Ihrem Freund /
Mann nach Sylt und vernaschen
ihn während des Fluges
auf der Toilette.

/

Fliegen Sie mit Ihrer
Freundin / Frau nach Sylt und
vernaschen sie während
des Fluges auf der Toilette.

Gehen Sie in einen Sauna-Club (mit Special-Service) und laden drei Männer auf ein spannendes Tête-à-tête ein — gleichzeitig oder hintereinander.

/

Gehen Sie in einen Sauna-Club (mit Special-Service) und laden drei Frauen auf ein spannendes Tête-à-tête ein — gleichzeitig oder hintereinander.

Schneiden Sie in
der Fußgängerzone kostenlos
anderen Passanten
die Haare.

Bieten Sie in der
Fußgängerzone die Erstellung
eines **kostenlosen** Tageshoroskops an.
Lassen Sie sich dafür
Geburtsdatum, Lieblingsfarbe
und die gefahrene
Automarke nennen.

/

Putzen Sie in der
Fußgängerzone
kostenlos
die **Schuhe.**

Kampfnaschen mit drei Freundinnen: Würfeln Sie in der
Konditorei die Pralinensorten,
die Sie dann bestellen — und
dann heißt es: genießen!
/
Kampftrinken mit drei
Freunden: Würfeln Sie
die Getränke an der Bar — und dann
heißt es: trinken!

Stellen Sie tagsüber im Winter einen Maibaum auf, sodass Ihr Angebeteter es sieht.

/

Stellen Sie tagsüber im Winter einen Maibaum auf, sodass Ihre

Herzdame es sieht.

Schauen Sie sich die Sketche aus
dem Film „Böse Mädchen" an und
spielen Sie sie mit drei
Freundinnen in der belebten
Fußgängerzone nach.

/

Schauen Sie sich die Sketche
aus dem Film „Böse Mädchen" an
und spielen Sie sie mit drei
Freunden in der belebten
Fußgängerzone nach.

Aus einem kleinen Gebüsch springt oft ein großer Hase.

Verkleiden Sie sich als „Karl Lagerfeld" und posieren Sie am Samstag durch die Innenstadt.

/

Verkleiden Sie sich als Hape Kerkeling's „Königin Beatrix" und posieren Sie am Samstag durch die Innenstadt.

Stellen Sie sich in die City mit mindestens **20 Gläsern**, die Sie mit unterschiedlicher Wassermenge befüllen. Versuchen Sie, **Töne** zu erzeugen, indem Sie den **feuchten** Glasrand mit einem **Finger** entlangfahren. **Spielen** Sie ein **Lied!**

Habe Mut, dich deines eigenen Verstandes zu bedienen.

Kündigen Sie eine Super-Performance in der Einkaufspassage an: Stellen Sie Koffer, Musikinstrumente etc. auf – aber tun Sie nach der lauten Ansage ... nichts!

Stellen Sie sich in
der **Stadt** auf
ein Podest (z. B.
einen **Bierkasten**),
stülpen Sie sich
ein **Tuch** mit zwei
Öffnungen für die **Augen über** und
machen **Sie** schnelle,
abgehackte Bewegungen,
wie ein **Roboter** mit
Kurzschluss.

Wir haben keine Chance — und die müssen wir nutzen.

Malen Sie als Straßenkünstlerin
in der Stadt ein riesiges Bild
auf den Boden.
Hören Sie dabei
laut klassische
Musik — das Bild
sollte miserabel werden.
/
Malen Sie als Straßenkünstler in der
Stadt ein riesiges Bild
auf den Boden. Hören Sie
dabei laut klassische Musik — das
Bild sollte miserabel
werden.

Begrüßen Sie  100 Fremde, als ob es Ihre besten Freunde wären. Die Menschen sollten Ihnen sympathisch sein. Schenken Sie Ihnen als Andenken an diese Begegnung eine Murmel.

Alles ist schwierig, bevor es leicht wird.

Fragen Sie im Supermarkt an einer langen Warteschlange, ob Sie vorgehen dürfen. Bei Bejahung stellen Sie sich vor die andere Person und fragen weiter.

Laden Sie 60 Bekannte und Freunde zu einer Kissen-schlacht ein. Bei frenetisch lauter Musik zelebrieren sie die Schlacht. Natürlich an einem originellen Platz, wo sie auch gut gesehen werden.

Wer irgendwo ankommen will, muss sich irgendwann auf den Weg machen.

Gehen Sie von **Haustür** zu
Haustür und **fragen**, ob Sie hier
auf **die Toilette** dürfen.

/

Gehen Sie von Haustür
zu **Haustür** und fragen,
ob Sie **hier**
duschen dürfen.

Gehen Sie von
Haustür zu Haustür
und sagen, dass Sie gerne
mit zu Abend
essen wollen.

Holzhacken ist deshalb so beliebt, weil man bei dieser Tätigkeit den Erfolg sofort sieht.

Gehen Sie zu einem TV-Sender (WDR, RTL etc.) und fragen Sie sich durch zu einem Entscheidungsträger, um eine Rolle in einer Sendung zu spielen.

Stellen Sie sich an eine Fußgängerampel und halten Sie die Leute, die über Rot gehen wollen, davon ab. Starten Sie eine Diskussion darüber, auch mit Nichtbeteiligten.

Man kann niemanden überholen, wenn man in seine Fußstapfen tritt.

Streifen Sie und zwei Ihrer Freundinnen in rauschenden Ballkleidern mit drei Flaschen Champagner durch die Stadt.

/

Streifen Sie und zwei Ihrer Freunde mit Smokings und drei Flaschen Champagner durch die Stadt.

Ziehen Sie mit drei **Freundinnen** los: **Kleiden** Sie sich wie **Wander**- burschen und finden Sie für einen **Tag Arbeit** und Unterkunft.

/

Ziehen Sie mit drei Freunden los: Kleiden Sie sich wie **Wander**- burschen und finden Sie für einen **Tag Arbeit** und Unterkunft.

Beschäftigen Sie sich einen Tag lang ganz alleine mit jemandem, der Ihnen absolut fremd ist: ein (kleines) Kind, ein Hund, eine Katze, Wellensittiche, eine Schlange, eine Ratte ...

Arrangieren Sie einen Plauderabend für Frauen zum Thema „Haben Sie noch Sex(träume)?" Laden Sie auch Nachbarinnen ein.

/

Arrangieren Sie einen Flashmob, zu dem jeder den Dildo seiner Frau mitbringt.

Wer immer tut, was er schon kann, bleibt immer das, was er schon ist.

Laden Sie 10 **Freunde** ein und veranstalten Sie eine „Nacht der **Geschichten**": Jede **Person** bringt eine **Story** mit, die sie noch nie **jemandem** erzählt hat: etwas **Erlebtes** oder Erträumtes. **Alle verpflichten** sich vorher zu absoluter Diskretion — **schriftlich.**

/

Laden Sie 10 Freunde ein und **veranstalten** Sie eine „Nacht der **erotischen Träume**": Jeder bringt eine **Story** mit, die er **gerne mal** erleben **würde**. Alle **ver-pflichten** sich vorher zu **absoluter Diskretion** — schriftlich.

Hängen Sie sich ein
Plakat um,
auf dem vorne und hinten ein
unsinniger Spruch steht.

Diskutieren Sie diesen ernsthaft
in der Stadt mit
Passanten.

Auch aus Steinen, die dir in den Weg gelegt werden, kannst du etwas Schönes bauen.

Verkleiden Sie sich als feurige Señorita. Nehmen Sie einen Fächer mit und gehen Sie in die Innenstadt. Dort tanzen Sie den verführerischen Fächertanz. Laden Sie andere ein, dasselbe zu tun.

/

Verkleiden Sie sich als Matador. Gehen Sie mit einer roten Fahne in die City. Ein Freund spielt den Stier. Laden Sie andere ein, ihn beim Stier-Spiel abzuwechseln.

Zaubern Sie vor **Publikum,**
aber machen Sie **alles** falsch,
tollpatschig – ärgern
Sie sich
 **öffentlich** über
sich selbst.

Hören Sie ab heute auf
zu rauchen
(oder beenden Sie ein
alternatives Laster).

Üben Sie in der

Fußgängerzone, Seil

zu **springen.**

Laden Sie **andere**

ein **zum Mitmachen.**

Malen Sie mit **Kreide** ein **Hüpfspiel** auf den Boden und fangen Sie an zu hüpfen. **Animieren** Sie andere, es auch zu tun. **Schenken** Sie jedem **Mutigen** ein **Freundschaftsbändchen**.

Trampen Sie
am Samstag mit zwei
Freunden 500 km Richtung
Osten und zurück.

Drehen Sie die Weltkugel, halten Sie einen Finger drauf – und dann suchen Sie sich einen Twitterpartner in diesem Land. Besuchen Sie ihn oder sie bei nächster Gelegenheit!

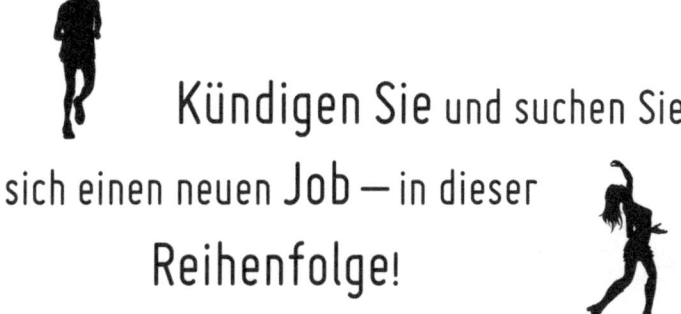

Kündigen Sie und suchen Sie sich einen neuen **Job** – in dieser **Reihenfolge!**

Betteln Sie **vier Samstage** in der Fußgängerzone. Jeden **Bettelerlös** geben Sie einer echten Bettlerin, die in Ihrer Nähe ist, mit **einem Lächeln** weiter.

/

Betteln Sie vier **Samstage** in der **Fußgängerzone.** Jeden **Bettelerlös** geben Sie **einem** echten Bettler, der in **Ihrer** Nähe ist, mit **einem Lächeln** weiter.

Wer all seine Ziele erreicht hat, hat sie sich als zu niedrig ausgewählt.

Legen Sie mit **Blüten**
ein Mandala, **arbeiten**
daran drei Stunden
in der **Einkaufszone** der Stadt, und
dann **zerstören** Sie es
wieder, **ohne ein Foto**
davon zu machen.

Das Schönste, was wir erleben können, ist das Geheimnisvolle.

Gehen **Sie mit** einer **Freundin** in die Stadt und halten **Sie** in zehn **Kneipen** eine **Büttenrede.**

/

Gehen Sie mit **einem Freund** in die Stadt und **halten** Sie in zehn **Kneipen eine** Büttenrede.

Säubern Sie am Sonntag einen **Park** – animieren Sie **Spaziergänger**, Ihnen zu **helfen**. Verteilen Sie **Greifzangen** und **Plastiktüten**.

231

Verkleiden Sie sich
als **Hexe** und
reiten Sie auf **einem Besen**
durch die Stadt. Nehmen Sie drei
weitere Besen mit und überreden Sie andere, **mitzureiten.**

/

Reiten Sie auf einem **Holzpferd**
durch die Stadt. Nehmen Sie drei
weitere Holzpferde mit und
überreden Sie andere,
mitzureiten.

Wer Großes versucht, ist bewundernswert, auch wenn er fällt.

Stellen Sie in **der Stadt** einen **Tisch** mit einer **Glaskugel** auf. Lesen Sie daraus für das **interessierte** Publikum **die Zukunft.** Bieten Sie **wahlweise** auch „Knochenlesen" an, mit geworfenen **Knöchelchen.**

Gehen Sie in die **Innenstadt** und bieten **Passanten**  **Handlesen** an. Stellen Sie neben sich ein **Schild** mit  der Aufschrift „**Abzocke**" auf.

Bewegen Sie
sich kreuz und quer
durch die City — aber in
kleinen Hüpfern.

Gehen Sie am Flughafen zum Ticketschalter und kaufen zwei Billigflüge. Finden Sie dann vor Ort jemanden, der mit Ihnen fliegt.

Setzen Sie sich mit zwei Freundinnen in einer Gaststätte, Bar etc. zu einer fremden Gruppe dazu und lachen, bis Ihnen die Tränen kommen — wiederholen Sie das einen ganzen Samstag lang.

/

Setzen Sie sich mit zwei Freunden in einer Gaststätte, Bar etc. zu einer fremden Gruppe dazu und lachen, bis Ihnen die Tränen kommen — wiederholen Sie das einen ganzen Samstag lang.

Jeder Tag, an dem du nicht lächelst, ist ein verlorener Tag.

Am **Samstag** in der City: **Ahmen Sie** verschiedene **Sportarten** nach und fragen **Passanten**, welche Sportart das **gewesen** **ist.** Stimmen Sie den Passanten **aber** **niemals** zu.

Laden Sie **20 Freunde** ein.
Schneiden Sie mit ihnen
um 3 **Uhr** nachts an einem
großen Tisch
eine Stunde
lang **bei Kerzenschein**
Zwiebeln.

Versuchungen sollte man nachgeben. Wer weiß, ob sie wiederkommen!

C

Epilog

Alles hat ein Ende — und wie geht es weiter?

Jedes Buch hat ein Ende, auch dieses. Für Sie soll es aber weitergehen. Sie haben viele Anregungen bekommen. Und vielleicht schon einige ganz neue Erfahrungen gemacht. Vielleicht haben Sie bereits Gefallen am Abenteuer im Alltag gefunden und an den neuen Kontakten. Wie können Sie diese besondere Zeit retten und sie in Ihr normales Leben überführen?

Was können Sie tun, damit es weitergeht?

Auf der Webseite www.tao.de/rotelinie haben Sie eine Fülle von Möglichkeiten:

A. Teilen Sie anderen mit, wie es war

Berichten Sie von Ihren Ideen und Erfahrungen

* kurz oder ausführlich,
* ganz allgemein oder auf ein konkretes Experiment bezogen,
* anonym oder mit Namensnennung,
* per E-Mail.

B. Werden Sie selbst aktiv

Sind Sie ein kreativer Mensch? Dann stellen Sie auf dieser Seite selbst erdachte Experimente vor. Dabei gibt es nur eine einzige Vorgabe: Kein Experiment verletzt oder gefährdet einen Menschen — weder körperlich noch in seiner Würde.

Bleiben Sie am Ball

Ab Anfang 2013 finden Sie im App-Store neue Experimente. Sie können sie entweder neu erwürfeln oder ganz einfach frei wählen.

Und zuletzt ...

... vergessen Sie nicht, Ihr abenteuerliches Leben zu genießen! Vielleicht können Sie diesen Genuss sogar mit Freunden teilen? Alles ist möglich, wenn man es wagt!

P.S.

Sie haben es bestimmt gemerkt: Es geht gar nicht darum, dass Sie genau diese Experimente, die Sie im Buch finden, durchführen. Es geht darum, dass Sie den Mut finden, Ihre eigenen Grenzen zu entdecken — um sie dann auch mal überschreiten zu können.

Finden Sie Ihre ganz persönlichen Experimente! Experimentieren Sie mit Ihren unbekannten Seiten. Vertrauen Sie auf Ihre Stärken. Sie können viel mehr, als Sie gerade tun.

In Gewohnheiten zu leben ist nicht per se etwas, was Sie vermeiden müssen. Ein Leben in der Gewohnheit ist wie ein Basislager am Himalaya. Hier tanken Sie Kraft und Sicherheit, damit Sie den Aufstieg schaffen. Irgendwann wird das Leben im Basislager aber eintönig: Sie haben nun genug Reserven, um etwas Neues auszuprobieren. Der K2 ist in Sichtweite — und ruft. Nur wenn Sie dieser Herausforderung folgen, werden Sie den Blick von oben genießen können.

Entwickeln Sie Ihre ganz persönlichen Experimente. Und dann ran an den Aufstieg!

Think Deep!

WOLF W. LASKO

MOTIVATION UND BEGEISTERUNG

ENTDECKEN UND AKTIVIEREN SIE IHRE TALENTE

ISBN 978-3-89901-148-7

WOLF W. LASKO

PERSONAL POWER

WIRKUNGSVOLL DENKEN, ÜBERZEUGEND HANDELN

ISBN 978-3-89901-149-4

WOLF W. LASKO

CHARISMA

MEHR ERFOLG DURCH PERSÖNLICHE AUSSTRAHLUNG

ISBN 978-3-89901-150-5

WOLF W. LASKO

WAHRE GRÖSSE

ELITE

ISBN 978-3-89901-151-7

WOLF W. LASKO

KREATIVE ELITE

VOM BEGRENZTEN DENKEN ZUR ORIGINÄREN INNOVATION

ISBN 978-3-89901-152-4

WOLF W. LASKO

ELITE BRAUCHT PERSÖNLICHKEIT

DREHBUCH FÜR LEBENSWEISHEIT UND GLÜCK

ISBN 978-3-89901-153-1

Warum sind manche Unternehmen in ihrem Auftritt am Markt gut, andere hingegen wirklich exzellent? »Think DEEP!«, das neue Label der Business-Reihe »inspire!«, zeigt: Die Outperformer sind deshalb besser, weil sie anders – nämlich tiefer – denken und damit ihre natürlichen Ressourcen effizienter erschließen und nutzen können.

Die Neuauflage der sechs Bücher bündelt erstmals alle »Think DEEP!«-Bücher von Wolf W. Lasko in einer Reihe.

jkamphausen

Weitere Bücher von Wolf W. Lasko

Forschungsprojekt Sein

Mit 66 Experimenten führt der Autor den Leser in die direkte sinnliche Erfahrung von XU, dem grenzenlosen Gewahrsein jenseits von Leben und Sterben.

Das ewige Sein ist so nahe, wie unser Atem – hier können wir es erleben.

Wolf W. Lasko: XU | 332 Seiten | ISBN 978-3-89901-154-8

Mit Liebe fürs Detail und für die Umwelt

Bei der Auswahl der Inhalte, die wir präsentieren, achten wir auf Originalität, Kompetenz, Praxisrelevanz und Qualität. So können wir mit Herz und Seele hinter unseren Büchern, Hörbüchern, Filmen und den anderen Produkten stehen, die wir mit viel Liebe und Aufmerksamkeit bis ins letzte Detail fertigen.

Wir leisten einen aktiven Beitrag zum Umweltschutz und verbrauchen nur wirklich notwendige Ressourcen — so sparsam wie möglich. Wir setzen auf kurze Transportwege (u.a. Fertigung unserer Produkte in Deutschland).

Inspirationen, interessante und wertvolle Neuigkeiten, Wahres, Schönes & Gutes sowie wichtige Termine können Sie regelmäßig in unserem Newsletter erfahren oder hier: **www.facebook.com/weltinnenraum**

weltinnenraum.de
J.Kamphausen | Mediengruppe